大方廣佛華嚴經 寫經 ㉝

🪷 일러두기

1. 『사경본 한글역 대방광불화엄경』은 『독송본 한문·한글역 대방광불화엄경』에 수록된 한글역을 사경하는 데 편의를 도모하기 위해 편집을 달리하여 간행한 것이다.

2. 『독송본 한문·한글역 대방광불화엄경』은 실차난타가 한역(695~699)한 80권 『대방광불화엄경』의 한문 원문과 한글역을 함께 수록한 것이다. 한문 저본은 고종 2년(1865) 월정사에서 인경한 고려대장경 『대방광불화엄경』이다.

3. 한글 번역은 동국역경원에서 발간한 한글 『대방광불화엄경』(운허)을 중심으로 하고 『신화엄경합론』(탄허)과 『대방광불화엄경 강설』(여천무비) 그리고 최근의 여타 번역본 등을 참조하였다.

4. 한글 번역은 독송과 사경을 위하여 정확성과 아울러 가독성을 고려하였다. 극존칭은 부처님과 불경계에 대해서만 사용하였다.

5. 사경본의 차례는 일러두기 → 한글역 본문 → 화엄경 목차 → 간행사이며 80권 『대방광불화엄경』의 권별 목차 순으로 독송본과 함께 간행한다. (법공양판에는 간행사 다음에 간행불사 동참자를 밝혀 두었다.)

사경본 한글역
대방광불화엄경 제33권

25. 십회향품 [11]

수미해주

대방광불화엄경 제33권 변상도

대방광불화엄경
제33권

25. 십회향품 [11]

_____ 은(는) 『대방광불화엄경』을
사경하는 인연공덕으로
『화엄경』이 널리 유통되고
우리 모두 다함께 보리 이루기를 발원하옵니다.

대방광불화엄경

제33권

25. 십회향품 [11]

"불자들이여, 보살마하살이 다시 법을 보시하여 닦은 바 선근으로 이와 같이 회향한다.

'원컨대 일체 부처님 세계가 모두 다 청정하며, 말할 수 없이 말할 수 없는 장엄거리로 장엄하며, 낱낱 부처님 세계가 그 양이 넓고 커서 법계와 같으며, 순수하게 선하며, 걸림이 없으며, 청정하고 광명하며, 모든 부처님께서 그 가운데서 정각 이루심을 나타내며, 한 부처님 세계 가운데 청정한 경계가 모두 능히 일체 부처님 세계를 나타내며, 한 부처님 세계와 같이 일체 부처님 세계도 또한 다시 이와 같아지이다.'라고 한다.

 그 낱낱 세계를 다 법계와 동등하고 한량없고 가없이 청정하고 미묘한 보배의 장엄거리로 장엄한다.

 이른바 아승지 청정한 보배 자리에 온갖 보배 옷을 깔고, 아승지 보배 휘장에 보배 그물을 드리우며, 아승지 보배 일산은 일체 미묘한 보배가 서로 비추고, 아승지 보배 구름이 온갖 보배를 널리 비내리며, 아승지 보배 꽃이 두루 청정하다.

 아승지 온갖 보배로 이루어진 난간은 청정하게 장엄하며, 아승지 보배 풍경이 항상 모든 부처님의 미묘한 음성을 펴서 법계에 두루 흐르고, 아승지 보배 연꽃이 갖가지 보배 색으로 피어 아름답게 빛나며, 아승지 보배 나무가 두루 줄지어서 한량없는 미묘한 보배로 꽃과 열매가 되었다.

　아승지 보배 궁전에 한량없는 보살들이 그 안에 머무르고, 아승지 보배 누각이 넓고 높고 화려하여 길이가 멀기도 가깝기도 하며, 아승지 보배 망루는 큰 보배로 이루어져 장엄이 미묘하게 아름답다.

　아승지 보배 문에 미묘한 보배 영

락이 두루 드리우고, 아승지 보배 창에 부사의한 보배로 청정하게 장엄하며, 아승지 보배 다라나무는 모양이 반달과 같은 온갖 보배를 모아 이루었다.

　이와 같은 일체가 모두 온갖 보배로 장엄하게 꾸며서 때가 없고 청정하여 불가사의하니 여래의 선근으로 일어난 바가 아님이 없음이라, 수없는 보배 창고의 장엄을 구족하였다.

다시 아승지 보배 강이 있어 일체 청정한 선한 법을 유출하며, 아승지 보배 바다에 법의 물이 가득하며, 아승지 보배 분다리 꽃이 항상 미묘한 법의 분다리 소리를 내며, 아승지 보배 수미산에 지혜의 산왕이 청정하게 빼어났다.

아승지 팔각의 미묘한 보배가 보배 실로 꿰어 깨끗이 장엄하여 견줄 데 없으며, 아승지 청정한 광명 보배가 걸림 없는 큰 지혜의 광명을 항상 놓아 법계를 널리 비추고, 아승지 보배 방울이 서로 부딪쳐 미묘한 소리를 내며, 아승지 청정한 보배에 모든 보살 보배가 구족하게 충만하였다.

아승지 보배 비단이 곳곳에 드리워져 색상이 빛나고 깨끗하며, 아승지 미묘한 보배 깃대가 보배 반달로 장엄하고, 아승지 보배 깃발이 모두 능히 한량없는 보배 깃발을 널리 비내리며, 아승지 보배 띠가 공중에 드리워져 장엄이 수승하게 미묘하였다.

아승지 보배 방석이 능히 갖가지 미세한 즐거운 촉감을 내고, 아승지 미묘한 보배 소용돌이가 보살의 일체 지혜의 눈을 나타내 보이며, 아승지 보배 영락은 낱낱 영락에 백천 보살이 가장 미묘하게 장엄되었다.

아승지 보배 궁전이 일체를 초과하여 절묘함이 견줄 데 없고, 아승지 보배 장엄거리가 금강마니로 장엄되며, 아승지 갖가지 미묘한 보배 장엄거리가 일체 청정하고 미묘한 빛을 항상 나타내고, 아승지 청정한 보배는 특수한 형상과 기이한 채색이 비치어 사무쳤다.

아승지 보배 산이 담장이 되어 두루 둘러싸서 청정하여 걸림이 없고, 아승지 보배 향은 그 향기가 일체 세계에 널리 풍기며, 아승지 보배 변화하는 일은 낱낱 변화하는 일이 법계에 두루하고, 아승지 보배 광명은 낱낱 광명이 일체 광명을 나타내었다.

다시 아승지 보배 광명이 있어서 청정한 지혜 광명이 모든 법을 밝게 비추고, 다시 아승지 걸림 없는 보배 광명이 있어서 낱낱 광명이 법계에 두루하며, 아승지 보배 처소가 있어서 일체 모든 보배가 모두 다 구족하고, 아승지 보배 창고가 일체 바른 법장의 보배를 열어 보이며, 아승지 보배 깃대에 여래의 깃대 모양이 우뚝 높이 솟았다.

아승지 보배 현인에 큰 지혜 있는 현인의 형상이 구족하게 청정하며, 아승지 보배 동산이 모든 보살들의 삼매의 쾌락을 내고, 아승지 보배 음성이 여래의 미묘한 음성을 세간에 널리 보이며, 아승지 보배 형상은 그 낱낱 형상이 모두 한량없는 미묘한 법의 광명을 놓았다.

아승지 보배 모양은 그 낱낱 모양이 모두 온갖 모양을 초월하며, 아승지 보배 위의는 보는 자가 모두 보살의 기쁨과 즐거움을 내고, 아승지 보배 무더기는 보는 자가 모두 지혜 보배 무더기를 내며, 아승지 보배의 편안히 머무름은 보는 자가 모두 잘 머무르는 보배 마음을 내었다.

아승지 보배 의복은 그 입는 자가 모든 보살들의 견줄 데 없는 삼매를 내고, 아승지 보배 가사는 그 입는 자가 비로소 처음 발심하면 곧 선견 다라니문을 얻는다.

 아승지 보배 닦아 익힘은 그 봄이 있는 자가 일체 보배는 모두 업의 과보로 결정코 청정함을 알며, 아승지 보배 걸림 없는 지견은 그 봄이 있는 자가 일체 청정한 법의 눈을 요달함을 얻으며, 아승지 보배 광명창고는 그 봄이 있는 자가 곧 큰 지혜창고를 성취함을 얻는다.

아승지 보배 자리에는 부처님께서 그 위에 앉으시어 크게 사자후하시고, 아승지 보배 등불이 항상 청정한 지혜의 광명을 놓으며, 아승지 보배 다라나무가 차례로 줄지었는데 보배 노끈으로 묶어 장엄이 청정하고, 그 나무에 다시 아승지 보배 줄기가 있어 밑동에서 솟아 올라 곧고 둥글고 깨끗하였다.

아승지 보배 가지가 갖가지 온갖 보배로 조밀하게 장엄하고, 부사의한 새들이 그 가운데로 날아와 모여서 항상 미묘한 소리를 내어 바른 법을 선양하며, 아승지 보배 잎이 큰 지혜 광명을 놓아 일체 처에 두루하였다.

아승지 보배 꽃은 낱낱 꽃 위에 한량없는 보살들이 결가부좌하여 법계에 두루 다니며, 아승지 보배 열매는 보는 자가 마땅히 일체지의 지혜에서 퇴전하지 않는 과보를 얻는다.

아승지 보배 취락에는 보는 자가 세상의 취락의 법을 버리어 여의고, 아승지 보배 도읍에는 걸림 없는 중생들이 그 가운데 가득하며, 아승지 보배 궁전에는 왕이 그 가운데 살되 보살의 나라연의 몸을 구족하여 용맹하고 견고하며 법의 갑옷과 투구를 입고 마음이 퇴전하지 않는다.

아승지 보배 집은 들어가는 자가 집을 그리워하는 마음을 능히 없애고, 아승지 보배 옷은 입는 자가 능히 밝게 알아서 집착이 없게 하며, 아승지 보배 궁전에는 출가보살들이 그 가운데 가득하였다.

아승지 보배 완구는 보는 자가 모

두 한량없는 환희를 내고, 아승지 보배 바퀴는 부사의한 지혜 광명을 놓아 물러나지 않는 법륜을 굴리며, 아승지 보배 발타나무는 인다라망으로 청정하게 장엄하였다.

아승지 보배 땅은 부사의한 보배로 사이사이 장엄하고, 아승지 보배 피리는 그 소리가 맑고 밝아 법계에 충만하며, 아승지 보배 북은 미묘한 소리가 잘 어울려 겁이 다하도록 끊이지 않는다.

아승지 보배 중생은 모두 위없는

법보를 능히 거두어 지니고, 아승지 보배 몸은 한량없는 공덕의 미묘한 보배를 구족하며, 아승지 보배 입은 일체 미묘한 법보의 음성을 항상 펴고, 아승지 보배 마음은 청정한 뜻과 큰 지혜와 서원의 보배를 갖추었다.

아승지 보배 생각은 모든 어리석은 미혹을 끊어 구경에 일체지의 보배를 견고히 하고, 아승지 보배 밝음은 일체 모든 부처님의 법보를 외워 지니며, 아승지 보배 지혜는 일체 모든 부처님의 법장을 분명히 밝게 알고, 아승지 보배 지혜는 크게 원만한 일체지의 보배를 얻는다.

아승지 보배 눈이 십력의 보배를 보아 장애하는 바가 없고, 아승지 보배 귀가 한량없는 온 법계의 소리를 들어 청정하여 걸림이 없으며, 아승지 보배 코가 수순하는 청정한 보배 향을 항상 맡는다.

아승지 보배 혀가 한량없는 모든 말하는 법을 능히 말하고, 아승지 보배 몸이 시방에 두루 다니되 걸림이 없으며, 아승지 보배 뜻이 보현의 행원을 항상 부지런히 닦아 익힌다.

 아승지 보배 음성은 청정하고 묘한 음성이 시방세계에 두루하며, 아승지 보배 신업은 일체 짓는 바가 지혜로 으뜸을 삼고, 아승지 보배 어업은 항상 수행에 걸림 없는 지혜 보배를 말하며, 아승지 보배 의업은 장애가 없고 광대한 지혜 보배를 얻어 구경에 원만하다.

 불자들이여, 보살마하살이 저 일

체 모든 부처님 세계 가운데 한 부처님 세계와 한 지방과 한 처소와 한 털끝만 한 곳에 한량없고 가없고 말할 수 없는 수의 모든 큰 보살들이 있어 모두 다 청정한 지혜를 성취하고 가득하게 머무른다.

한 부처님 세계와 한 지방과 한 처소와 한 털끝만 한 곳과 같이, 이와 같이 온 허공과 법계에 두루한 낱낱 부처님 세계와 낱낱 지방과 낱낱 처소와 낱낱 털끝만 한 곳에서도 모두 또한 이와 같다.

이것이 보살마하살이 모든 선근으로 회향하여 널리 일체 모든 부처님 국토에 모두 갖가지 미묘한 보배의 장엄을 구족하기를 원하는 것이다.

보배 장엄을 이와 같이 널리 말한 것처럼 이와 같이 향 장엄과 꽃 장엄과 화만 장엄과 바르는 향 장엄과 사르는 향 장엄과 가루향 장엄과 옷 장엄과 일산 장엄과 깃대 장엄과 깃발 장엄과 마니보배 장엄도 차례로 내지 이보다 백 배를 지나고, 모두 보배 장엄처럼 이와 같이 널리 설한다.

불자들이여, 보살마하살이 법을 보시하는 등으로 모은 바 선근으로써 일체 선근을 기르기 위하여 회향하며, 일체 부처님 세계를 청정하게 장엄하기 위하여 회향하며, 일체 중생을 성취시키기 위하여 회향하며, 일체 중생이 모두 마음이 깨끗하여 흔들리지 않게 하기 위하여 회향한다.

 일체 중생이 모두 매우 깊은 불법에 들어가게 하기 위하여 회향하며, 일체 중생이 모두 능히 지나갈 이가 없는 청정한 공덕을 얻게 하기 위하여 회향하며, 일체 중생이 모두 깨뜨릴 수 없는 청정한 복력을 얻게 하기 위하여 회향하며, 일체 중생이 모두 다함없는 지혜의 힘을 얻어 모든 중생들을 제도하여 불법에 들어가게 하기 위하여 회향한다.

 일체 중생이 모두 평등하고 한량

없이 청정한 음성을 얻게 하기 위하여 회향하며, 일체 중생이 모두 평등하고 걸림 없는 눈을 얻어 온 허공과 법계에 두루하는 평등한 지혜를 성취케 하기 위하여 회향하며, 일체 중생이 모두 청정한 생각을 얻어 지나간 겁의 일체 세계를 알게 하기 위하여 회향한다.

 일체 중생이 모두 걸림 없는 큰 지혜를 얻어 모두 능히 일체 법장을 통달하게 하기 위하여 회향하며, 일체 중생이 모두 한량없는 큰 보리를 얻어 법계에 두루하여 장애하는 바가 없게 하기 위하여 회향하며, 일체 중생이 모두 평등하여 분별이 없는 동체 선근을 얻게 하기 위하여 회향한다.

일체 중생이 모두 일체 공덕을 얻어 청정한 몸과 말과 뜻의 업을 구족하게 장엄케 하기 위하여 회향하며, 일체 중생이 모두 보현과 같은 행을 얻게 하기 위하여 회향하며, 일체 중생이 모두 일체 체성이 같은 청정한 부처님 세계에 들어감을 얻게 하기 위하여 회향한다.

　일체 중생이 모두 일체 지혜를 관찰하여 다 원만함에 들어가게 하기 위하여 회향하며, 일체 중생이 모두 불평등을 멀리 여읜 선근을 얻게 하기 위하여 회향하며, 일체 중생이 모두 평등하여 다른 모양이 없는 깊은 마음을 얻어 차례로 일체 지혜를 원만하게 하기 위하여 회향한다.

　일체 중생이 모두 일체 선한 법에 편안히 머무름을 얻게 하기 위하여 회향하며, 일체 중생이 모두 한 생각 동안에 일체 지혜를 증득하여 구경을 얻게 하기 위하여 회향하며, 일체 중생이 모두 청정한 일체 지혜의 길을 원만히 이루게 하기 위하여 회향한다.

불자들이여, 보살마하살이 모든 선근으로 널리 일체 중생을 위하여 이와 같이 회향하고는 다시 이 선근으로 일체 청정한 행을 연설하는 법력을 널리 원만하게 하려고 회향하며, 청정한 행의 위력을 성취하여 말할 수 없이 말할 수 없는 법바다를 얻으려고 회향한다.

낱낱 법바다에 한량없이 법계와 평등하고 청정한 지혜 광명을 구족하려고 회향하며, 일체 법의 차별한 문구와 뜻을 열어 보여 연설하려고 회향하며, 가없고 광대한 일체 법의 광명 삼매를 성취하려고 회향한다.

삼세 모든 부처님의 변재를 수순하려고 회향하며, 과거와 미래와 현재의 일체 부처님의 자재한 몸을 성취하려고 회향하며, 일체 부처님의 사

랑스럽고 장애가 없는 법을 존중하기 위하여 회향한다.

　대비심을 만족하고 일체 중생을 구호하여 항상 퇴전치 않게 하기 위하여 회향하며, 부사의하게 차별한 법의 장애가 없는 지혜를 성취하여 마음에 때가 없고 모든 근이 청정하여 일체 대중모임 도량에 널리 들어가려고 회향한다.

　일체 엎어지고 잦혀지며 거칠고 미세하며 넓고 좁으며 작고 크며 물들고 청정한 이와 같은 등 모든 부처님 국토에서 평등하고 물러나지 않는 법륜을 항상 굴리려고 회향하며, 생각생각 동안에 두려울 바 없고 끝까지 다함이 없는 갖가지 변재의 미묘한 법의 광명을 얻어서 열어 보여 연설하려고 회향한다.

온갖 선을 즐거이 구하기 위하여 발심하고 닦아 익히며 모든 근이 점점 수승하여져서 일체 법에 큰 신통과 지혜를 얻어 일체 모든 법을 다 능히 밝게 알려고 회향하며, 일체 대중 모임 도량에 친근하여 공양하고 일체 중생을 위하여 일체 법을 연설하여 모두 환희케 하려고 회향한다.

불자들이여, 보살마하살이 또 이 선근으로 이와 같이 회향한다.

이른바 법계에 머무른 한량없는 머무름으로 회향하며, 법계에 머무른 한량없는 몸의 업으로 회향하며, 법계에 머무른 한량없는 말의 업으로 회향하며, 법계에 머무른 한량없는 뜻의 업으로 회향한다.

법계에 머무른 한량없는 색이 평등

함으로 회향하며, 법계에 머무른 한량없는 수·상·행·식이 평등함으로 회향하며, 법계에 머무른 한량없는 온이 평등함으로 회향하며, 법계에 머무른 한량없는 계가 평등함으로 회향하며, 법계에 머무른 한량없는 처가 평등함으로 회향한다.

법계에 머무른 한량없는 안이 평등함으로 회향하며, 법계에 머무른 한량없는 밖이 평등함으로 회향하며, 법계에 머무른 한량없는 발기가 평등함으로 회향하며, 법계에 머무른 한량없는 깊은 마음이 평등함으로 회향한다.

법계에 머무른 한량없는 방편이 평등함으로 회향하며, 법계에 머무른 한량없는 신심과 이해가 평등함으로 회향하며, 법계에 머무른 한량없는 모든 근이 평등함으로 회향하며, 법계에 머무른 한량없는 처음과 중간과 나중이 평등함으로 회향한다.

법계에 머무른 한량없는 업과 과보가 평등함으로 회향하며, 법계에 머무른 한량없는 물들고 깨끗함이 평등함으로 회향하며, 법계에 머무른 한량없는 중생들이 평등함으로 회향하며, 법계에 머무른 한량없는 부처님 세계가 평등함으로 회향한다.

법계에 머무른 한량없는 법이 평등함으로 회향하며, 법계에 머무른 한량없는 세간의 광명이 평등함으로 회향하며, 법계에 머무른 한량없는 모든 부처님과 보살들이 평등함으로 회향하며, 법계에 머무른 한량없는 보살들의 행원이 평등함으로 회향한다.

법계에 머무른 한량없는 보살들의

벗어남이 평등함으로 회향하며, 법계에 머무른 한량없는 보살들의 교화하여 조복함이 평등함으로 회향하며, 법계에 머무른 한량없는 법계가 둘이 없이 평등함으로 회향하며, 법계에 머무른 한량없는 여래의 대중모임 도량이 평등함으로 회향한다.

불자들이여, 보살마하살이 이와 같이 회향할 때에 법계의 한량없이 평등하고 청정한 몸에 편안히 머무르며, 법계의 한량없이 평등하고 청정한 말에 편안히 머무르며, 법계의 한량없이 평등하고 청정한 마음에 편안히 머무른다.

법계의 한량없이 평등한 모든 보살들의 청정한 행원에 편안히 머무르며, 법계의 한량없이 평등하고 청정한 대중모임 도량에 편안히 머무르며, 법계의 한량없이 평등하여 일체 보살을 위해 모든 법을 널리 설하는 청정한 지혜에 편안히 머무른다.

법계의 한량없이 평등하여 온 법계

일체 세계에 능히 들어가는 몸에 편안히 머무르며, 법계의 한량없이 평등한 일체 법의 광명이 청정하여 두려움 없음에 편안히 머무른다.

능히 한 소리로 일체 중생의 의심 그물을 다 끊고 그 근성과 욕망을 따라 다 환희하게 하여 위없는 일체종지와 힘과 두려울 바 없음과 자재와 신통의 광대한 공덕과 벗어나는 법에 머무른다.

불자들이여, 이것이 보살마하살의

열째 평등한 법계에 머무르는 한량없는 회향이다.

　　보살마하살이 법을 보시하는 등의 일체 선근으로 이와 같이 회향할 때에 보현의 한량없고 가없는 보살의 행원을 원만하게 이루어서 온 허공과 평등한 법계의 일체 부처님 세계를 모두 능히 청정하게 장엄한다.
　　일체 중생으로 하여금 또한 이와 같이 하여 가없는 지혜를 구족하게 성취하여 일체 법을 밝게 알며, 생각생각 동안에 일체 부처님께서 세상에 출현하심을 보며, 생각생각 동안에 일체 부처님의 한량없고 가없이 자재한 힘을 보게 한다.

이른바 광대하게 자재한 힘과, 집착 없이 자재한 힘과, 걸림 없이 자재한 힘과, 부사의하게 자재한 힘과, 일체 중생을 청정케 하는 자재한 힘과, 일체 세계를 건립하는 자재한 힘과, 말할 수 없는 말을 나타내는 자재한 힘이다.

때를 따라 응하여 나타내는 자재한 힘과, 퇴전하지 않는 신통과 지혜에 머무르는 자재한 힘과, 일체 가없는 법계를 연설하여 남음이 없게 하는 자재한 힘과, 보현 보살의 끝없는 눈을 내는 자재한 힘이다.

걸림 없는 이식으로 한량없는 모든 부처님의 정법을 듣고 지니는 자재한 힘과, 한 몸이 결가부좌하고 시방의 한량없는 법계에 두루하되 모든 중생들에게 비좁지 않게 하는 자재한 힘과, 원만한 지혜로 삼세의 한량없는 법에 널리 들어가는 자재한 힘이다.

또 한량없는 청정을 얻으니 이른바 일체 중생의 청정과, 일체 부처님 세계의 청정과, 일체 법의 청정과, 일체 처소를 두루 아는 지혜의 청정과, 허공계에 두루한 가없는 지혜의 청정과, 일체 차별한 음성의 지혜를 얻어 갖가지 말로써 널리 중생들에게 응하는 청정과, 한량없이 원만한 광명을 놓아 일체 가없는 세계를 널리 비추는 청정이다.

일체 삼세의 보살행을 출생하는 지

혜의 청정과, 한 생각 동안에 삼세 일체 모든 부처님의 대중모임 도량에 널리 들어가는 지혜의 청정과, 가없는 일체 세간에 들어가서 일체 중생으로 하여금 모두 마땅히 지을 바를 짓게 하는 청정이다.

 이와 같은 등을 모두 구족하고, 모두 성취하며, 모두 이미 닦아 다스리고, 모두 평등하며, 모두 다 앞에 나타나고, 모두 다 알고 보며, 모두 다 깨달아 들어가고, 모두 이미 관찰하며, 모두 청정하여 피안에 이른다."

그때에 부처님의 위신력으로 시방에 각각 백만 부처님 세계 미진수의 세계가 여섯 가지로 진동하였다.

이른바 흔들흔들하고 두루 흔들흔들하고 온통 두루 흔들흔들하며, 들먹들먹하고 두루 들먹들먹하고 온통 두루 들먹들먹하며, 울쑥불쑥하고 두루 울쑥불쑥하고 온통 두루 울쑥불쑥하며, 우르르하고 두루 우르르하고 온통 두루 우르르하며, 와르릉하고 두루 와르릉하고 온통 두루 와르릉하며, 와지끈하고 두루 와지끈하고 온통 두루 와지끈하였다.

부처님의 위신력인 까닭이며 법이 이와 같은 까닭으로, 온갖 하늘 꽃과 하늘 화만과 하늘 가루향과 하늘 모든 여러 가지 향과 하늘 의복과 하늘 진귀한 보배와 하늘 장엄거리와 하늘 마니보배와 하늘 침수향과 하늘 전단향과 하늘의 가장 미묘한 일산과 하늘 갖가지 깃대와 하늘 여러 가지 색의 깃발을 비내렸다.

아승지 모든 하늘의 몸과 한량없는 백천억 말할 수 없는 하늘의 미묘한 법문 음성과 불가사의한 하늘의 부처님을 찬탄하는 음성과 아승지 하늘의 환희한 음성으로 모두 '훌륭하다'라고 칭찬하였다.

한량없는 아승지 백천 나유타 모든 하늘이 공경히 예배하며, 수없는 천자들이 항상 모든 부처님을 생각하며, 여래의 한량없는 공덕을 희구하여 마음에서 떠나지 않았다.

수없는 천자들이 온갖 기악을 지어서 노래하고 찬탄하여 여래께 공양 올리고, 백천 아승지 모든 하늘이 큰 광명을 놓아 온 허공과 법계에 두루한 일체 부처님 세계를 널리 비추어, 한량없는 아승지 모든 부처님 경계를 나타냄에 여래의 화신이 모든 하늘보다 뛰어났다.

이 세계의 도솔타천궁에서 이와 같은 법을 설하는 것처럼 시방에 두루한 일체 세계의 도솔천궁에서도 모두 또한 이와 같았다.

그때에 다시 부처님의 위신력인 까

닦으로 시방에 각각 백만 부처님 세계 미진수의 세계 밖을 지나서 각각 백만 부처님 세계 미진수 모든 보살들이 와서 모이어 시방에 두루하고 모두 이 말을 하였다.

"훌륭하고 훌륭합니다. 불자여, 이에 이 모든 큰 회향을 능히 설하였습니다. 불자여, 우리들은 다 동일한 이름으로 '금강당'이라고 합니다. 모두 금강광세계의 금강당 부처님 처소에서 이 국토에 왔습니다.

그 모든 세계에서도 모두 부처님의

위신력인 까닭으로 이 법을 설하며, 대중모임 권속과 글과 문구와 뜻도 다 또한 이와 같아서 더하지도 않고 덜하지도 않습니다. 우리들은 다 부처님의 위신력을 받들어 그 국토에서 와서 그대를 위하여 증명합니다.

우리들이 이 대중모임에 와서 그대를 위하여 증명하듯이, 시방에 있는 일체 세계 도솔천궁의 보장엄전에 모든 보살대중들이 와서 증명함도 또한 다시 이와 같습니다."

그때에 금강당 보살이 부처님의 위신력을 받들어 시방의 일체 대중모임과 및 법계를 관찰하고는, 글과 뜻을 잘 알고 광대한 마음을 증장하여 대비로 일체 중생을 널리 덮어서 마음을 묶어 삼세 부처님의 종성에 편안히 머무르며, 일체 부처님의 공덕법에 잘 들어가서 모든 부처님의 자재한 몸을 성취하였다.

모든 중생들 마음이 좋아하는 것과 그리고 그 심은 바 일체 선근을 관찰하여 모두 분별해 알며, 법신을 수순하여 청정하고 미묘한 색의 몸을 나타내고, 곧 이때에 게송을 설하여 말씀하였다.

　　보살이
　　법의 지혜를 성취하여
　　가없는 바른 법문을
　　깨달아 알고
　　법 광명의
　　조어사가 되어
　　걸림 없는 진실한

법을 밝게 알도다.

보살이
법의 대도사가 되어
매우 깊고 얻기 어려운
법을 열어 보이고
시방의 한량없는
중생들을 인도하여서
모두 정법에
편안히 머무르게 하도다.

보살이

이미 불법의 바다를 마시고
법의 구름이
시방세계에 널리 비내리며
법의 태양이
세간에 출현하여서
묘법을 드날려
중생들을 이익케 하도다.

언제나 만나기 어려운 법의
시주가 되어
법에 들어가는
교묘한 방편을 밝게 알고

법의 광명이 청정하게
그 마음을 비추니
세상에서 법을 설하되
항상 두려움이 없도다.

법에 자재한
마음을 잘 닦아서
모두 능히 모든 법문에
깨달아 들어가며
매우 깊고 묘한
법의 바다를 성취하여
널리 중생들을 위하여

법의 북을 치도다.

매우 깊고 희유한
법을 선설하여
법으로 모든
공덕을 기르며
청정한 법에
기쁜 마음을 구족하여
세간에 부처님의
법장을 나타내 보이도다.

모든 부처님 법왕께서

관정하신 바로
법의 성품인 지혜창고의
몸을 성취하고
법의 진실한 모양을
다 능히 밝게 깨달아
일체의 온갖 선한 법에
편안히 머물렀도다.

보살이 제일가는 보시를
닦아 행하니
일체 여래의
기쁘게 칭찬하시는 바라

하는 일 모두
부처님의 인가를 받으니
이로써 사람 가운데
존귀한 이를 이루었도다.

보살이
묘한 법신을 성취하여
친히 모든 부처님의 법으로부터
변화하여 나고
중생들을 이익케 하기 위하여
법의 등불이 되어
한량없는 가장 수승한

법을 연설하도다.

수행하는 바를 따라
묘한 법을 보시하고
또한 저 선근을
관찰하며
지은 바 온갖 선을
중생들을 위하여
모두 지혜로써
회향하도다.

있는 바 성불하는

공덕의 법을
모두 돌리어
모든 중생들에게 베푸니
원컨대 일체가
다 청정하여
부처님의 장엄인 피안에
이르게 하여지이다.

시방의 부처님 세계가
한량이 없고
모두 한량없는
큰 장엄을 구족하니

이와 같은 불가사의한
장엄으로
모두 한 국토를
장엄하도다.

여래께서 지니신
청정한 지혜를
원컨대 중생들이
다 구족하여
마치 참다운 불자인
보현과 같이
일체 공덕으로

스스로 장엄케 하여지이다.

광대한 신통력을
성취하고
세계에 나아가
모두 두루하여
일체 중생이
남음 없이
모두 보살도를
수행케 하도다.

모든 부처님 여래께서

깨달으신 바를
시방의 한량없는
모든 중생들이
일체가 다
보현과 같이
최상의 행을
구족히 수행케 하도다.

모든 부처님과
보살들이 성취하신 바
갖가지 차별한
모든 공덕이여

이와 같이 가없는
공덕을
중생들이 모두
원만하게 하기를 원하도다.

보살들이 자재한
힘을 구족하여
마땅히 배울 것은
모두 가서 배우고
일체 큰 신통을
나타내 보이며
널리 시방의 한량없는

국토에 나아가도다.

보살이 능히
한 생각 사이에
중생과 같은
무수한 부처님을 뵙고
또 다시 한 털끝만 한
가운데
모든 법을 다 거두어
모두 분명히 보도다.

세간의 중생들이

한량없는데
보살이 모두
능히 분별하여 알고
모든 부처님 한량없으심이
중생들 같거늘
큰마음으로 공양올려
모두 다하게 하도다.

갖가지 이름난 향과
가장 미묘한 꽃과
온갖 보배 의상과
그리고 깃발과 일산이

법계에 분포해
모두 충만하여
마음 내어 널리
시방의 부처님께 공양올리도다.

한 모공 속에서
모두
부사의한 수의
한량없는 부처님을 밝게 보며
일체 모공도
다 이와 같아서
일체 세간의 등불께

널리 예배하도다.

이와 같이 가없는
모든 가장 수승한 분께
온몸으로 차례차례
공경히 예배하고
또한 말로써
널리 칭찬하기를
미래 일체 겁을 끝까지
다하도다.

한 여래 처소의

공양거리가
그 수가 한량없어
중생들과 같거늘
이와 같이 한 여래께
공양올리고
일체 여래께도
또한 다시 그렇게 하도다.

모든 여래께
공양올리고 찬탄하기를
저 세간의
일체 겁을 다하니

세간의 겁 수는
마침내 다하거니와
보살의 공양은
쉬거나 게으름이 없도다.

일체 세간의
갖가지 겁이여
그러한 겁 동안에
모든 행을 닦아서
한 여래께 공경하고
공양올리기를
일체 겁이 다하도록

만족해 싫어함이 없도다.

한량없는 겁에
한 부처님께 공양올리듯이
일체 부처님께 공양올림도
다 이와 같되
또한 이 겁의 수를
분별하여
공양올림에 피로해하거나
싫어함을 내지 않도다.

법계가 광대하여

끝이 없음을
보살이 관찰하여
모두 분명히 알고
큰 연꽃을
그 가운데 두루 펴서
중생처럼 한량없는
부처님께 공양올리도다.

보배 꽃의 향과 색이
다 원만하고
청정한 장엄도
매우 미묘하여

일체 세간에서
비유할 것이 없으므로
가져서 사람 가운데 존귀한 분께
공양올리도다.

중생 수와 같은
한량없는 세계에
모든 미묘한 보배 일산이
그 속에 가득한데
모두 한 여래께
공양올리고
일체 부처님께 공양올림도

다 이와 같도다.

바르는 향이
견줄 데 없이 가장 수승하여
일체 세간에
일찍이 있지 않았거늘
이것으로 천인사께
공양올리기를
중생 수 같은 겁을
끝까지 다함이로다.

가루향과 사르는 향과

가장 미묘한 꽃과
온갖 보배 의복과
장엄거리로 이와 같이
모든 가장 수승한 분께
공양올리며
환희하고 받들어 섬김에
싫어함이 없도다.

중생 수 같은 세간을
비추는 등불이
생각생각에
큰 보리를 성취하고

또한 가없는
게송으로 일컬어
사람 가운데 조어하는 분께
공양 올리도다.

중생의 수와 같은
부처님 세존께
다 위없는 미묘한
공양을 올리고
중생 수와 같은
한량없는 겁 동안
이와 같이 찬탄하여

끝까지 다함이 없도다.

이와 같이 모든 부처님께
공양올릴 때
부처님의 위신력으로
모두 두루하여
시방의 한량없는
부처님을 다 친견하고
보현의 보살행에
편안히 머무르도다.

과거와 미래와

그리고 현재에
있는 바 일체
모든 선근이여
나에게 항상
보현행을 닦아서
속히 보현의 지위에
편안히 머무르게 하도다.

일체 여래께서
알고 보시는 바
세간의 한량없는
모든 중생들이

모두 원컨대
보현처럼 구족하여서
총명한 분의
칭찬하는 바가 되어지이다.

이것이 시방의
모든 대사들이
함께 닦아 다스리는 바
회향행이라
모든 부처님 여래께서
나를 위해 설하시니
이것이 가장 위없는

회향행이로다.

남음 없는
시방세계의
그 가운데
일체 모든 중생들을
모두 깨달음을
얻게 하지 않음이 없어
모두 언제나 보현행과
같게 하도다.

그 회향과 같이

보시를 행하고
또한 다시 금계도
굳게 지니며
정진하여 오랜 시간
겁내어 물러남이 없고
인욕하고 유화하여
마음이 흔들리지 않도다.

선정으로 마음이
항상 하나의 연을 잡고
지혜로 아는 경계가
삼매와 같아

과거와 미래와 현재를
다 통달하니
세간에서 그 끝을
얻음이 없도다.

보살의 몸과 마음과
그리고 말로 짓는 업의
이와 같이 짓는 바가
다 청정하며
일체를 닦아 행하여
남음이 없어서
모두 보현 보살과 더불어

평등하도다.

비유하면 법계가
분별이 없듯이
희론과 염착을
모두 길이 다하고
또한 열반이
장애가 없듯이
마음도 항상 이와 같이
모든 취착을 여의었도다.

지혜로운 자의 있는 바

회향하는 법을
모든 부처님 여래께서
이미 열어 보이셔서
갖가지 선근을
모두 회향하였으니
그러므로 능히 보살의 도를
이루었도다.

불자들이
이 회향을 잘 배워서
한량없는 행원을
모두 원만히 이루어

법계를 거두어들여
다 남음이 없으니
그러므로 선서의 힘을
능히 이루었도다.

만약 부처님께서
설하신 바
보살의 광대하고
수승한 행을 성취하려면
마땅히 이 회향에
잘 머무를지니
이 모든 불자들을

보현이라 이름하리라.

일체 중생은
오히려 셀 수 있으며
삼세의 마음의 양도
또한 알 수 있으나
이와 같은 보현 보살
모든 불자들의
공덕의 끝은
측량할 수 없도다.

한 터럭으로 허공을 재어

끝을 얻을 수 있고
온갖 세계를 티끌로 만들어
수효를 알 수 있으나
이와 같은 큰 신선
모든 불자들의
머무르는 바 행원은
헤아릴 수 없도다.

〈대방광불화엄경 제33권〉

회향송

아차보현수승행
무변승복개회향
보원침익제중생
속왕무량광불찰

시방삼세일체불
제존보살마하살
마하반야바라밀

廻向頌

我此普賢殊勝行
無邊勝福皆迴向
普願沈溺諸眾生
速往無量光佛剎

十方三世一切佛
諸尊菩薩摩訶薩
摩訶般若波羅蜜

大方廣佛華嚴經
부록

- 대방광불화엄경 목차

- 간행사

대방광불화엄경
목차

⟨제1회⟩

제1권　제1품　세주묘엄품 [1]

제2권　제1품　세주묘엄품 [2]

제3권　제1품　세주묘엄품 [3]

제4권　제1품　세주묘엄품 [4]

제5권　제1품　세주묘엄품 [5]

제6권　제2품　여래현상품

제7권　제3품　보현삼매품
　　　　 제4품　세계성취품

제8권　제5품　화장세계품 [1]

제9권　제5품　화장세계품 [2]

제10권　제5품　화장세계품 [3]

제11권　제6품　비로자나품

⟨제2회⟩

제12권　제7품　여래명호품
　　　　　제8품　사성제품

제13권　제9품　광명각품
　　　　　제10품　보살문명품

제14권　제11품　정행품
　　　　　제12품　현수품 [1]

제15권　제12품　현수품 [2]

⟨제3회⟩

제16권　제13품　승수미산정품
　　　　　제14품　수미정상게찬품
　　　　　제15품　십주품

제17권　제16품　범행품
　　　　　제17품　초발심공덕품

제18권　제18품　명법품

〈제4회〉

제19권 제19품 승야마천궁품

　　　　제20품 야마궁중게찬품

　　　　제21품 십행품 [1]

제20권 제21품 십행품 [2]

제21권 제22품 십무진장품

〈제5회〉

제22권 제23품 승도솔천궁품

제23권 제24품 도솔궁중게찬품

　　　　제25품 십회향품 [1]

제24권 제25품 십회향품 [2]

제25권 제25품 십회향품 [3]

제26권 제25품 십회향품 [4]

제27권 제25품 십회향품 [5]

제28권 제25품 십회향품 [6]

제29권 제25품 십회향품 [7]

제30권 제25품 십회향품 [8]

제31권 제25품 십회향품 [9]

제32권 제25품 십회향품 [10]

제33권 **제25품** **십회향품 [11]**

〈제6회〉

제34권 제26품 십지품 [1]

제35권 제26품 십지품 [2]

제36권 제26품 십지품 [3]

제37권 제26품 십지품 [4]

제38권 제26품 십지품 [5]

제39권 제26품 십지품 [6]

〈제7회〉

제40권 제27품 십정품 [1]

제41권 제27품 십정품 [2]

제42권 제27품 십정품 [3]

제43권 제27품 십정품 [4]

제44권 제28품 십통품

　　　　제29품 십인품

제45권 제30품 아승지품

　　　　제31품 수량품

　　　　제32품 제보살주처품

제46권 제33품 불부사의법품 [1]

제47권 제33품 불부사의법품 [2]

제48권	제34품	여래십신상해품		제63권	제39품	입법계품 [4]
	제35품	여래수호광명공덕품		제64권	제39품	입법계품 [5]
제49권	제36품	보현행품		제65권	제39품	입법계품 [6]
제50권	제37품	여래출현품 [1]		제66권	제39품	입법계품 [7]
제51권	제37품	여래출현품 [2]		제67권	제39품	입법계품 [8]
제52권	제37품	여래출현품 [3]		제68권	제39품	입법계품 [9]
				제69권	제39품	입법계품 [10]
〈제8회〉				제70권	제39품	입법계품 [11]
제53권	제38품	이세간품 [1]		제71권	제39품	입법계품 [12]
제54권	제38품	이세간품 [2]		제72권	제39품	입법계품 [13]
제55권	제38품	이세간품 [3]		제73권	제39품	입법계품 [14]
제56권	제38품	이세간품 [4]		제74권	제39품	입법계품 [15]
제57권	제38품	이세간품 [5]		제75권	제39품	입법계품 [16]
제58권	제38품	이세간품 [6]		제76권	제39품	입법계품 [17]
제59권	제38품	이세간품 [7]		제77권	제39품	입법계품 [18]
				제78권	제39품	입법계품 [19]
〈제9회〉				제79권	제39품	입법계품 [20]
제60권	제39품	입법계품 [1]		제80권	제39품	입법계품 [21]
제61권	제39품	입법계품 [2]				
제62권	제39품	입법계품 [3]				

간 행 사

　귀의삼보 하옵고,
　『대방광불화엄경』의 수지 독송과 유통을 발원하면서 수미정사 불전연구원에서 『독송본 한문·한글역 대방광불화엄경』과 『사경본 한글역 대방광불화엄경』을 편찬하여 간행하게 되었습니다.
　『화엄경』은 우리나라에 전래된 이래 일찍부터 사경되고 주석·강설되어 왔으며 근현대에 이르러서는 『화엄경』의 한글 번역과 연구도 부쩍 많이 이루어졌습니다. 그만큼 『화엄경』이 우리 불자님들의 신행과 해탈에 큰 의지처가 되었던 것임을 알 수 있습니다.
　『화엄경』을 독송하고 사경하는 공덕은 설법 공덕과 함께 크게 강조되어 왔습니다. 그리하여 수미정사 불전연구원에서도 『화엄경』(80권)을 독송하고 사경하는 데 도움이 되도록 한문 원문과 한글역을 함께 수록한 독송본과 한글역의 사경본 『화엄경』 간행불사를 발원하였습니다. 이 『화엄경』 간행불사에 뜻을 같이하여 적극 후원해주신 스님들과 재가 불자님들께 깊이 감사드립니다. 또한 『화엄경』을 수지 독송할 수 있도록 경책의 모습으로 장엄해 주신 편집위원들과 담앤북스 출판사 관계자들께도 고마움을 표합니다.
　끝으로 이 불사의 원만 회향으로 『화엄경』이 널리 유통되고, 온 법계에 부처님의 가피가 충만하시길 기원드립니다.
　나무 대방광불화엄경

　　　　　　　　　　　　　　　　　불기 2564년 '부처님오신날'을 봉축하며
　　　　　　　　　　　　　　　　　　　　　　　　　　수미해주 합장

위태천신(동진보살)

수미해주 須彌海住

동국대학교 명예교수
중앙승가대학교 법인이사
대한불교조계종 수미정사 주지

사경본 한글역
대방광불화엄경 제33권

| **초판 1쇄 발행_** 2023년 2월 24일

| **엮은이_** 수미해주
| **엮은곳_** 수미정사 불전연구원
| **편집위원_** 해주 수정 경진 선초 정천 석도 박보람 최원섭
| **편집보_** 무이 무진 지욱 혜명

| **펴낸이_** 오세룡
| **펴낸곳_** 담앤북스
　　　　　서울특별시 종로구 새문안로3길 23 경희궁의 아침 4단지 805호
　　　　　대표전화 02)765-1251　전자우편 dhamenbooks@naver.com
　　　　　출판등록 제300-2011-115호
| **ISBN_**　979-11-6201-399-1　04220

이 책은 저작권 법에 따라 보호받는 저작물이므로 무단전재와 복제를 금합니다.
이 책 내용의 전부 또는 일부를 이용하려면 반드시 저작권자와 담앤북스의 서면 동의를 받아야 합니다.

정가 10,000원
ⓒ 수미해주 2023